DE
L'ANCIENNE CROYANCE
À DES MOYENS SECRETS
DE DÉFIER LA TORTURE,

PAR

M. EDMOND LE BLANT.

EXTRAIT
DES MÉMOIRES DE L'ACADÉMIE DES INSCRIPTIONS ET BELLES-LETTRES,
TOME XXXIV, Iʳᵉ PARTIE.

PARIS.
IMPRIMERIE NATIONALE.

LIBRAIRIE C. KLINCKSIECK, RUE DE LILLE, 11.

M DCCC XCII.

DE

L'ANCIENNE CROYANCE

À DES MOYENS SECRETS

DE DÉFIER LA TORTURE.

DE
L'ANCIENNE CROYANCE
À DES MOYENS SECRETS
DE DÉFIER LA TORTURE,

PAR

M. EDMOND LE BLANT.

EXTRAIT

DES MÉMOIRES DE L'ACADÉMIE DES INSCRIPTIONS ET BELLES-LETTRES,
TOME XXXIV, 1re PARTIE.

PARIS.

IMPRIMERIE NATIONALE.

LIBRAIRIE C. KLINCKSIECK, RUE DE LILLE, 11.

M DCCC XCII.

DE

L'ANCIENNE CROYANCE

À DES MOYENS SECRETS

DE DÉFIER LA TORTURE.

Depuis les temps antiques jusqu'aux siècles derniers, un grand nombre de textes relatifs à la suite des affaires criminelles parlent d'accusés supportant sans faiblir, et même sans douleur apparente, les angoisses de la torture. Parfois, comme le fait Ulpien et, avec lui, un jurisconsulte du xvie siècle, Paul Grillandus, on attribue au courage, à la vigueur des patients leur invincible résistance[1]; mais, le plus souvent, on y voit le signe d'un secours surnaturel et, suivant la pente des esprits, l'aide de Dieu ou celle du démon. C'était ainsi que les païens soupçonnaient quelque œuvre magique devant cette constance des martyrs où les chrétiens reconnaissaient une marque de l'assistance divine; c'est ainsi que, moins loin de nous, et en racontant le supplice de Baltazar Gérard, l'assassin de Guillaume de Nassau, Louis Aubery écrit les lignes suivantes :

« Et lorsqu'on lui arrachoit la chair de dessus les membres avec des tenailles ardentes, il ne fit jamais aucun cry et ne poussa pas même le moindre soupir; ce qui fit croire aux Hollandois qu'il étoit possédé du diable et aux Espagnols qu'il

---

[1] Ulpien, l. I, De quæstionibus, § 23 (*Digest.*, lib. XLVIII, tit. xviii); Grillandus, *Tractatus de judiciis criminalibus*, 1536, in-8°, f° xcviii.

étoit assisté de Dieu, tant les opinions et les passions des hommes sont différentes [1]. »

Parmi les accusés tombés aux mains de la justice criminelle, il en était peu qui pussent sembler dignes d'être soutenus par un secours d'en haut, et le sentiment public voyait dans leur impassible constance le résultat d'une œuvre de sorcellerie. Quelques-uns pourtant des suppliciés en donnaient eux-mêmes une explication qui avait sa valeur; témoin ce « ribaud » dont parle un savant magistrat du XVIᵉ siècle et qui répondit à son juge qu'il valait mieux aller mille fois à la torture que d'avouer devant le tribunal et de monter ainsi à la potence, attendu que tous les médecins peuvent ressouder un bras cassé, tandis qu'il n'en est pas un seul qui sache remettre en place les os d'un cou rompu par le bourreau [2]. Peut-être le rusé personnage était-il de ceux qui, à l'avance, s'étaient résolument efforcés de s'aguerrir contre la douleur. Je lis, en effet, dans de vieux livres, que certains malfaiteurs, se réunissant au fond des bois, se donnaient entre eux la question « afin de s'y accoustumer et de s'endurcir à la soustenir quand ils seroient appréhendéz par la justice [3] ».

Croire à l'emploi de moyens merveilleux était autrefois chose ordinaire, et c'était de ce côté que l'on cherchait l'explication d'un fait étrange.

Par quels sortilèges, par quelles pratiques secrètes, par quelles amulettes diaboliques certains accusés arrivaient-ils à défier les supplices, à demeurer muets, comme impassibles,

[1] *Mémoires pour servir à l'histoire de la Hollande,* 1680, in-8°, p. 151.

[2] Hippolytus de Marsigliis bononiensis, *Grimana.* Lugd. 1532, in-fol., f° 50, verso (L. Repeti, ff. de quæstionibus).

[3] Claude Lebrun de la Rochette, *Le procez criminel,* l. II, p. 143 (Rouen, 1616), d'après Damhouder (*Praxis rerum criminalium,* c. XXXVIII, § 19), qui insiste particulièrement sur le fait.

sous la main des tortionnaires? D'où pouvaient venir leur résistance et le « maléfice de la taciturnité », comme on disait autrefois ? C'est de ce point que nous voyons se préoccuper en des temps, en des lieux bien divers; dans le vieux monde romain, sans excepter l'Égypte, au moyen âge et tout au moins jusqu'au xviie siècle, en Angleterre, en France, en Hollande, en Italie, il y a peu d'années dans les pays de l'Extrême-Orient, où l'on s'en inquiète sans doute encore. Mandarins, proconsuls, bourgmestres, assesseurs criminels, juges de tous noms et de tous pays croient avoir affaire à quelque puissance surnaturelle lorsqu'ils n'arrivent pas à vaincre la constance d'un accusé [1].

L'insensibilité, la taciturnité, la force de résistance pouvaient, disait-on, s'obtenir par des moyens divers : l'ingestion de breuvages, d'aliments préparés par des mains savantes, certaines onctions faites d'eaux, de graisses ou d'huiles magiques. Cette étrange persuasion, qui remonte aux âges anciens, demeure encore vivante dans des contrées lointaines pour lesquelles le temps semble n'avoir point marché. Nous la voyons également dans l'histoire des martyrs des premiers siècles, dans celle des missionnaires chrétiens qui, de nos jours, ont souffert et péri sous la main des Chinois [2]. Pour les aliments et les breuvages secrets, nous ne sommes pas moins renseignés. Permettre aux accusés d'en prendre était l'un des profits des valets de justice, comme l'atteste Étienne Tabourot [3]

---

[1] Gregor. Turon. *Hist. Franc.*, lib. VI, c. xxxv; mon mémoire intitulé : *Les Actes des martyrs, supplément aux Acta sincera de Ruinart*, § 38, etc.

[2] Même mémoire. Voir de plus Adon, *Martyrologium*, au 1er janvier; Hyvernat, *Les Actes des martyrs de l'Égypte, d'après les manuscrits coptes*, t. I, p. 59. La croyance à de certaines onctions dans les opérations de sorcellerie est de tous les temps. Cf. Apulée, *Metamorph.* l. III, p. 212 de l'édition d'Oudendorp; Papon, *Histoire générale de Provence*, t. IV, p. 430, pour le procès de Gauffridi, jugé en 1611.

[3] *Les Bigarrures du S[r] des Accords*, éd. de 1592, t. II, p. 81.

2.

et, avec lui, Bouchet, racontant dans ses *Serées* qu'un « mattois promit au bourreau de l'argent pour qu'il lui fût permis d'avaler, avec du vin, une certaine semence de Bruca, qui est de la Roquette; cela endurcissant si bien la peau qu'on ne sent pas grand mal du fouet [1] ». Un témoignage en apparence plus sérieux est celui d'un magistrat, célèbre criminaliste italien du xvie siècle, Hippolyte de Marsigliis, qui nous dit à la fois et les ruses familières aux malfaiteurs et les moyens tentés pour les combattre. Un accusé rebelle à la torture lui avait, écrit-il, révélé le secret de sa résistance. L'une des parentes de cet homme lui avait fait cuire une galette de farine pétrie avec le lait mêlé d'une mère et de sa fille; chaque jour il en mangeait quelques miettes et, tant que dura ce gâteau, il ne sentit pas les tourments. « D'autres prévenus, ajoute le magistrat, m'ont également parlé de la vertu de ce mélange [2]. »

Un moyen plus difficile à déjouer, disent les anciens jurisconsultes, était celui que les patients tiraient de certaines paroles récitées à voix basse, quand on les appliquait à la question. De petits livres vendus chèrement et en secret en contenaient la liste [3]. Ces formules assez nombreuses, dont nous savons les principales, sont surtout tirées du texte de la Passion, depuis les mots : *Si me quæritis*, jusqu'à la dernière parole du Seigneur : *Consummatum est* [4]. La plus usitée et, à coup sûr, la mieux placée dans la bouche de ceux dont la torture pouvait

[1] Édition de 1635, XIVe Serée, p. 84.

[2] *Practica rerum criminalium*, 1532, in-fol., f° 12. Au nombre des moyens propres à amortir la douleur, je vois encore indiquer le savon mangé ou bu dissous dans l'eau. Le vin annulait, disait-on, l'effet de ce préservatif. (Tabourot, ouvrage cité, t. II, p. 81; Claude Lebrun de la Rochette, *Le procez criminel,* p. 167.)

[3] Naudé, *Apologie pour les grands hommes soupçonnés de magie*, éd. de 1712, p. 62.

[4] Grillandus, *Tractatus de judiciis*, f° c. De Marsigliis, *loc. cit.*, f° 12.

rompre les membres, était prise des versets où il est dit que les os du Christ ne furent pas brisés sur la croix, en accomplissement de l'antique précepte sur l'agneau pascal : *os non comminuetis ex eo* [1]. Un autre passage également de bon augure, semblait-il, pour les gens en péril, était emprunté au chapitre où saint Luc raconte comment le Seigneur échappa aux mains des Juifs qui voulaient le jeter du haut d'une montagne : *Jesus autem transiens per medium eorum ibat* [2]. On comptait pouvoir demeurer muet devant le juge en prononçant à part soi des mots du Psalmiste, défigurés pour la circonstance : *Eructavit cor meum verbum bonum; veritatem nunquam dicam regi* [3]. Puis venait cette singulière incantation contre les tourments : *Quemadmodum lac beatæ gloriosæ Mariæ virginis fuit dulce et suave Domino nostro Jesu Christo, ita hæc tortura sive chorda sit dulcis et suavis brachiis et membris* [4]. Quelques-uns avaient confiance en des vers rappelant l'histoire du bon larron sauvé sur la croix même, vers qu'il suffisait, disait-on, de prononcer pour braver la douleur et s'assurer « le charme du silence » :

> Imparibus gestis pendent tria corpora ramis :
> Dismas et Gestas, in medio stat divina potestas.
> Dismas damnatur, Gestas ad astra levatur.

On arrivait au même but en inscrivant ces bizarres paroles sur une bande de parchemin dont on buvait la râclure, soit dans du vin, soit dans de l'eau [5].

[1] Joh. XIX, 36 ; Grillandus et de Marsigliis, *loc. cit.*

[2] Luc., IV, 30 ; Grillandus, *loc. cit.*

[3] *Psalm.*, XLIV, 2 ; Grillandus, *loc. cit.*

[4] Grillandus, *loc. cit.*

[5] Grillandus, *loc. cit.*; André Favyn, *Le théâtre d'honneur et de chevalerie*, p. 1371 (Paris, 1620, in-4°). Cf. *Enchiridion Leonis papæ serenissimo imperatori Carolo magno in munus pretiosum datum*, Moguntiæ, 1633, p. 166 : « Pour éviter de souffrir de la question, il faut avaler un billet sur lequel soit écrit + Aglas + Alganas + Algadenas + Imper ubi es meritis + tria pen-

Qu'elles fussent récitées ou écrites, les formules secrètes n'avaient pas, croyait-on, une moindre valeur. Aussi les magistrats devaient-ils prendre grand soin, pour n'être pas joués par les patients, de les presser d'interrogations incessantes, afin de leur ôter le temps de rien marmotter entre leurs dents [1]; il était également de règle de les faire visiter bien à fond, avant de les soumettre à la torture.

On se persuadait autrefois que certains mots ou caractères magiques avaient, en toute occurrence, une vertu protectrice pour ceux qui savaient s'en munir; aussi s'assurait-on avant les duels, en France, en Italie, et ailleurs sans nul doute, qu'aucun des combattants ne portait quelque talisman de cette espèce. «Ils étoient, dit Brantôme, visitez, tastez et fouillez les uns les autres par leurs confidans, pour sçavoir s'ils n'avoient point sur eux aucuns caractères et charmes et autres parolles meschantes et billets négromanciens sur eux, ce qui fut un poinct qui fascha et coléra feu mon oncle de la Chàstaigneraye; quand avant qu'aller à son combat, un confidant de Jarnac le vint ainsi fouiller et taster : «Comment, dit-il, penseroit-on « que pour combattre tel ennemy, je me voulusse ayder de ces « choses-là et que j'allasse emprunter autre secours pour le « combattre que mon bras? » Et de faict plusieurs en Italie sont estez visitez de cette façon, d'autant qu'il s'en est trouvé aucuns saisis de ces drogues et sorcelleries, jusques là que craignans aucuns aussi d'estre descouverts par ces recherches, a-t-on ouy parler que quelques-uns avant qu'entrer aux com-

---

dent corpora ramis dis neas et gestas in medio et divina potestas dimeas clamator sed gestas ad astra lavatur (*sic*), ou bien +Tel + Bel + Quel + caro + mors + aqua.» Voir aussi le recueil intitulé *Gré-moire du Pape Honorius*, avec un recueil *des plus rares secrets*, p. 81 (Rome, 1670, in-8°).

[1] Hippolytus de Marsigliis, *Practica causarum criminalium*, éd. de 1532, fº 12.

bats se sont faicts raser la teste et là-dessus se faire escrire et imprimer force tels caractères et parolles enchantées pour se rendre invincibles et plus asseurez à vaincre : comme de vray s'est-il trouvé force personnes, et là, et ailleurs, et aux guerres, chargées de tels billets qu'on a veu leur porter de grandes vertus, et contre le fer et contre le feu[1]. »

Ce que faisaient les duellistes et les guerriers, au temps de Brantôme, n'était pas moins familier aux malfaiteurs amenés devant le juge. Eux aussi cachaient dans leurs vêtements, leurs cheveux ou ailleurs, des cédules magiques[2]. Quelques-uns se faisaient tracer sur la peau du crâne des paroles dans lesquelles ils avaient foi. Il importait donc de-leur enlever leurs habits et aussi de leur raser la tête pour s'assurer que rien n'y était écrit[3].

Un procès de sorcellerie qui fut jugé autrefois à Bruges et qu'un célèbre criminaliste, siégeant alors au tribunal, raconte pour la singularité de ses incidents, nous montre les magistrats s'armant de ces précautions infinies[4]. Il s'agissait d'une pauvre femme fort âgée et laide sans doute à l'avenant, deux causes par malheur suffisantes, dit sagement une instruction du Saint-Office, pour faire courir sans raison les plus mauvais bruits[5]. La malheureuse opérait, au dire du vulgaire, comme une véritable apôtre du Christ, guérissant d'une façon miraculeuse

---

[1] Brantôme, *Discours sur les duels* (*Œuvres complètes*, éd. Lalanne, t. VI, p. 304). De vieux traités cabalistiques dont je parlerai ailleurs contiennent plusieurs de ces oraisons ou formules par la vertu desquelles « on ne doibt rien craindre, ny flèche, ny espée, ny autre arme ».

[2] Grillandus, *op. cit.*, f° c.

[3] Bodin, *De la démonomanie des sorciers*, l. IV, c. 1, p. 191 A, 192, éd. de 1587; Tabourot, *Les Bigarrures du Seigneur Des Accords*, éd. de 1592, t. II, p. 81.

[4] Damhouder, *Praxis rerum criminalium*, éd. d'Anvers, 1616, p. 56 et suivantes.

[5] *Instructio pro formandis processibus in causis strygum, sortilegorum et maleficorum* (a° 1567), à la suite du livre d'Auguste Nicolas, intitulé : *Si la torture est un moyen sûr de vérifier les crimes secrets*, 1681, in-8°,

les femmes et les filles, redressant les bossus et remettant sur l'heure les jambes cassées. Moins crédules, les magistrats s'inquiétèrent de ces bruits étranges; la vieille fut saisie dans son lit par les gens de justice et jetée en prison. Interrogée d'abord, elle affirma qu'elle n'usait que de pieuses prières à la Vierge Marie, à saint Josse, à saint Hubert des Ardennes; soumise ensuite à la torture, elle la supporta sans faiblir, continuant à déclarer qu'elle n'avait agi qu'en bonne chrétienne et sans aucun secours du démon. Le président du tribunal était le bourgmestre, pauvre homme cruellement tourmenté par la goutte et qui laissait entendre, pendant l'enquête, des gémissements et des soupirs. La vieille se tourna vers lui en lui disant : « Seigneur bourgmestre, veux-tu être guéri de ces souffrances? je puis t'en délivrer à l'instant même. » — « Tu me guérirais? répondit-il. Je donnerais bien pour cela deux mille ducats, et je te les compterais sur l'heure, si tu faisais ce que tu annonces. » Les greffiers et les échevins s'émurent de ces paroles : « Seigneur bourgmestre, dirent-ils, prends garde à ce que tu dis et à ce que tu vas faire. Ordonne qu'on emmène cette sorcière et écoute-nous avec patience. » La femme étant partie, ils poursuivirent : « Songe à quel danger tu t'exposes en croyant ainsi, et sans raison, que la misérable opérera comme ferait une apôtre du Christ et pourra te guérir par des pratiques permises. Si tu veux savoir ce qu'elle peut faire, commande qu'on la ramène; nous verrons bien alors si elle se sert de moyens apostoliques ou si elle doit nous être suspecte, ainsi qu'à toi-même. » Revenue et interrogée sur ce qu'elle ferait si le bourgmestre se remettait entre ses mains, elle répliqua :

p. 229, 230 : « Ob odium commune quod habetur in strygis, contra quas omnes unanimiter clamant, facillime insurgit hujusmodi fama contra aliquam mulierem, præcipue quando est vetula et turpis formæ. »

« Je n'ai qu'une chose à dire : que seulement il ait foi en mon pouvoir et je le guérirai. » — « Tu le vois par son étrange réponse, dirent alors les échevins au bourgmestre, cette femme opère avec le secours du diable et tu ne pourrais être guéri que par des pratiques condamnables. » Le pauvre homme se laissa convaincre; on remit l'accusée à la torture, mais sans pouvoir lui arracher un aveu de ses maléfices, jusqu'à ce qu'après l'avoir rasée et visitée avec soin on eût découvert sur elle une bande de parchemin portant des croix et les noms de plusieurs démons[1]. C'était là, confessa, dit-on, la pauvre vieille, le seul secret d'une résistance que la question eut, dès lors, bientôt vaincue.

Plus grande semblait devoir être la difficulté lorsque les coupables n'avaient pour talismans que de certaines paroles murmurées à voix basse. Des maîtres particulièrement experts en la matière écrivent que, pour rompre cette sorte de maléfice, d'autres encore, et afin d'obtenir des aveux, les juges pourront dire de leur côté, et, pour bien faire, à l'oreille même des accusés, ces versets du roi prophète : *Dominus labra mea aperiat et os meum annuntiabit veritatem. Eructabit cor meum verbum bonum; dicam cuncta opera mea Regi. Confundatur nequitia peccatoris, perdas omnes qui loquuntur mendacium. Contere brachia iniqui rei*

---

[1] Il doit s'agir ici, comme dans tant de conjurations magiques, des noms de quelques-uns de ces anges dont le culte a été déclaré superstitieux par l'Église : « Non angelorum sed dæmonum nomina », dit le concile de Rome tenu en 745 sous le pape Zacharie (*Vita S. Bonifatii, auctore Othlono*, lib. II, dans Mabillon, *Acta SS. ord. Bened.*, pars II, p. 64). Cf. Eymericus, *Directorium inquisitorum*, Venet., 1607, p. 481 : « Solent autem magna ex parte hujusmodi malefici uti verbis et orationibus sumptis vel ex psalmis Davidicis, vel ex aliis Scripturæ locis, quæ miris intermodum modis et superstitionibus describunt in chartis membraneis puris, quas ipsi chartas virgines vocant, intermixtis quandoque incognitis angelorum nominibus, quas nos superiori anno vidimus a quodam vili homine dum ad carcerem duceretur abstractas »; *Nouveau recueil des Inscriptions chrétiennes de la Gaule;* n° 254, etc.

et lingua maligna subvertetur. Ces paroles sont à coup sûr bien choisies pour viser les menteurs et les taciturnes; mais quant à leur efficacité, dit prudemment Paul Grillandus qui nous en donne la liste, « je ne saurais aucunement en répondre, n'en ayant jamais fait usage et ne sachant personne qui s'en soit servi [1]. »

Il était un moyen d'apparence plus pratique et que l'on a tenu partout sans doute pour infaillible, car je le vois également employé par les juges dans les antiques procès des martyrs, à Rome, en Istrie, en Sicile, à Antioche et en Égypte; en Angleterre au xiie siècle, en Italie au xvie, il y a peu d'années en Chine contre les missionnaires chrétiens : on couvrait les accusés de certains liquides, de certaines graisses qui devaient, croyait-on, rompre les enchantements et vaincre toute résistance [2]. « Cela fait, ajoute froidement Hippolyte de Marsigliis, on entendra craquer les membres des patients et chanter leurs os [3]. »

Au temps où s'écrivaient ces lignes, et si l'on en excepte, j'imagine, les geôliers, les bourreaux, gens bien édifiés sans doute sur la valeur des secrets de préservation qu'ils faisaient métier de vendre aux prisonniers, tous croyaient fermement à la vertu des talismans et des formules pour déjouer, malgré les tourments, les investigations de la justice. Les accusés, les magistrats, la foule, les plus éclairés même d'entre ceux qui

---

[1] Grillandus, *op. cit.*, f° c; De Marsigliis, *Practica causarum criminalium*, 1532, in-fol., f° 12 : « Ego dum essem capitaneus Valli Lugani, cum magno labore habui a quodam ribaldo carcerato pro falsa moneta quædam verba quæ si dicuntur in aure rei quando est ligatus ad torturam, vel positus ad alium tormentum, rumpunt omnes incantationes, adeo quod dictis talibus verbis, sentit ipse reus tormenta, et in eis cruciatus, sicut si nihil dixisset vel nihil comedisset. »

[2] Voir ci-dessus, p. 291.

[3] *De quæstionibus*, 1532, in-fol., f° 4, col. 2.

condamnaient l'usage de la torture[1], vivaient dans cette persuasion étrange; et qui pourrait affirmer que de nos jours, où de prétendus sorciers savent trouver parfois des dupes, quelques cerveaux étroits ne la garderaient pas encore, si l'humanité de nos pères n'avait mis fin, il y a cent ans, aux abominables pratiques de l'ancienne instruction criminelle ?

Un mot encore au sujet des paroles que répétaient les patients.

C'étaient, pour la plupart, des formules couramment employées pour détourner toutes sortes de maux et ces malheureux n'étaient pas seuls à en faire usage.

Il en était ainsi de la phrase : *Quemadmodum lac gloriosæ beatæ Mariæ Virginis*... dont on s'armait contre les atteintes des épées et des poignards[2].

L'un des textes de la Passion récités par les criminels : *Si me quæritis,* passait pour conjurer les périls[3]; je le trouve sur une belle amulette en bronze du xve siècle[4].

Augmentés de deux autres, les vers : *Imparibus meritis*... devaient écarter les voleurs[5].

Le passage de saint Jean : *Os non comminuetis ex eo* gardait, croyait-on, contre certains maux les hommes et les animaux domestiques[6]; la confiance en sa vertu remonte à l'antiquité même, car je le vois, dès le ve siècle, inscrit sur le chaton d'une bague[7].

[1] Aug. Nicolas, *Si la torture est un moyen sûr de vérifier les crimes secrets,* p. 161.

[2] Thiers, *Traité des superstitions,* 4ᵉ édition, t. I, p. 479.

[3] *Enchiridion Leonis papæ serenissimo imperatori Carolo magno in munus pretiosum datum,* Moguntiæ, 1633, p. 98.

[4] Gay, *Glossaire archéologique du moyen âge et de la Renaissance,* t. I, p. 635.

[5] Thiers, t. I, p. 420.

[6] Del Rio, *Disquisitio rerum magicarum,* lib. III, pars II, q. 4, sect. 8; éd. de 1603, t. II, p. 402; Fernel, *De abditis rerum causis,* p. 160; Thiers, t. I, p. 410 et 490.

[7] *Les Actes des martyrs, supplément aux Acta sincera,* § 38.

Le verset *Jesus autem transiens per medium eorum ibat* est de ceux que je vois le plus souvent répétés. Inscrit dans plusieurs textes cabalistiques, il se retrouve sur les nobles d'or frappés en Angleterre au temps d'Édouard III. On s'est étonné de cette légende sans analogue sur les monnaies et des conjectures très diverses ont été proposées au sujet de sa présence. J'y reviendrai dans un autre travail, me bornant à dire que, selon moi, les pièces d'or qui la portaient devaient être tenues pour des phylactères.

www.ingramcontent.com/pod-product-compliance
Lightning Source LLC
LaVergne TN
LVHW050429060726
842526LV00007B/2493